校园小读本

冬奥会与冰雪运动

张九江 编著

北京日报出版社

前 言

　　萨马兰奇在《奥林匹克运动》的序言中写道："离开了教育，奥林匹克主义就不能达到其崇高的目标。"教育是奥林匹克精神的核心内容之一。青少年学生是奥林匹克运动的未来。西城区教委一直以来高度重视学校体育教育工作，并积极致力于在青少年学生中推广奥林匹克理念，弘扬奥林匹克精神。2022 年冬季奥运会将在北京召开，西城区教委组织编写了《冬奥会与冰雪运动》校园小读本，详细介绍冬季奥林匹克运动的有关知识，对广大青少年学生了解奥林匹克运动、传播奥林匹克精神具有十分积极而重要的现实意义。西城区将通过该读本在学校中广泛开展奥林匹克知识宣传课程，将奥林匹克精神与学校教育相结合，使奥林匹克运动从一项体育活动升华为一项具有广泛意义的教育活动。希望该读本能为北京举办一届有特色、高水平的奥运会做出一份贡献，同时让读者感受一份学习的快乐！

西城区中小学地方课程读本编写组

目 录

第三篇　冬奥历史

后　记

第一篇
北京冬奥

办完夏奥办冬奥，北京创造历史

　　2015 年 7 月 31 日，好消息从马来西亚吉隆坡传来！在国际奥委会第 128 次全会上，国际奥委会主席巴赫宣布：中国北京获得 2022 年第 24 届冬季奥林匹克运动会举办权。

2015 年 7 月 31 日，吉隆坡，国际奥委会主席巴赫宣布：
中国北京获得 2022 年第 24 届冬奥会举办权

2022 年冬奥会，北京主办，张家口协办，中国在这一刻进入冬奥时代。

北京成为全球第一座既举办过夏季奥运会，又将举办冬季奥运会的城市。

2015 年 7 月 31 日，吉隆坡，北京冬奥申委代表团欢呼庆祝

国际奥委会再次选择北京，既显示了对中国经济稳步发展、社会持续进步的信心，也是对北京举办的 2008 年夏季奥运会的又一次高度肯定。

2015 年 7 月 31 日，河北张家口，当地民众欢呼庆祝

　　在北京申冬奥成功后，国际媒体表示，北京携手张家口举办 2022 年冬奥会是一个安全、可靠的选择。北京将冰雪运动普及到全球人口最多的国家，这一前景也打动了奥委会官员。

北京 2022：天空会变蓝，生活更美好

2022 年，我们不仅可以坐在家门口看冬奥会，还能对冰雪运动从"旁观"到"参与"，影响一代甚至几代人的成长和生活方式。据统计，我国目前有 13.6 亿人口，其中约 4 亿是青少年。2022 年冬奥会将加快冬季运动在中国的推广，带动 3 亿人参与冰雪运动。

冰雪运动激情无限

目前，全国滑雪场已从 20 年前的 10 家增加到 568 家。2015 年冬天，仅北京和张家口地区参与冬季运动的市民数量就增长了 30%，达到 680 万人。

孩子们喜爱冰雪运动

2008 年北京奥运会，我们建了很多体育场馆，铺设了很多条地铁。同样，到了 2022 年，在冬奥会的影响下，北京、张家口的交通、市政等基础设施条件将得到进一步改善，医疗、教育等基本公共服务水平将得到提高，体育文化、旅游休闲等低碳产业也将得到发展，生态环境得到进一步优化。特别是能够加速区域大气污染治理进程，北京在大气污染方面的治理力度将会加大，我们天空会变蓝，生活会更美好！

25 个场馆分布在三大赛区

　　北京 2022 年冬奥会计划使用 25 个场馆，分布在 3 个赛区，分别是北京赛区、延庆赛区和张家口赛区。

　　北京赛区共有 12 个竞赛、非竞赛场馆，将进行冰壶、冰球、短道速滑、花样滑冰、速度滑冰 5 个项目的比赛。北京奥林匹克公园是 2008 年奥运会的重要遗产，2022 年将再次成为冬奥会的核心区域。北京赛区的奥运村可容纳运动员和随队官员 2260 人。

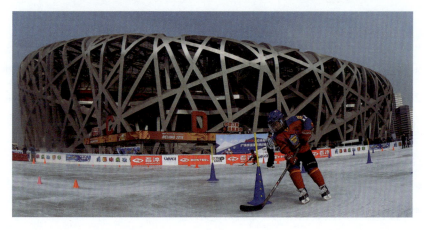

国家体育场（鸟巢）将举办冬奥会及冬残奥会的开、闭幕式

国家游泳中心（水立方）将进行冰壶及轮椅冰壶项目的比赛

国家体育馆将进行男子冰球及冰橇冰球项目的比赛

五棵松体育中心将进行女子冰球项目的比赛

首都体育馆将进行短道速滑及花样滑冰项目的比赛

国际广播中心和主新闻中心拟利用国家会议中心

　　延庆赛区位于北京市西北部的小海坨山区，距离市区约 90 公里，共有 5 个竞赛、非竞赛场馆，将进行高山滑雪、雪车、钢架雪车、雪橇 4 个项目的比赛。延庆赛区的奥运村将可容纳运动员和随队官员 1430 人。

　　2022 年冬奥会后，延庆场馆群将着力打造专业竞赛训练、大众冰雪运动体验、户外健身休闲和旅游度假四大中心。其中，国家高山滑雪中心、国家雪车雪橇中心将成为中国高山滑雪项目和雪橇雪车项目的专业训练基地。

延庆 2022 年冬奥赛场小海坨山银装素裹

　　张家口赛区位于张家口市崇礼区，共有 8 个竞赛、非竞赛场馆，将进行单板滑雪、自由式滑雪、越野滑雪、跳台滑雪、北欧两项、冬季两项 6 个项目的比赛。张家口赛区的奥运村将可容纳运动员和随队官员 2640 人。

　　崇礼拥有多条获得国际雪联赛道认证的高级雪道，2022 年冬奥会将充分利用现有滑雪场的各项资源，结合云顶滑雪场的发展需求进行改造，建设云顶滑雪公园场地 A 和 B，可大大节省资金。

交通：50 分钟就可到崇礼滑雪

北京 2022 年冬奥会将为所有参加者提供高效、安全、可靠、环保的交通服务。

京张高铁计划在 2019 年开通，全程约 174 公里，在北京设有两个始发站：北京北站和清河站。届时，大家乘坐高铁从城区出发，20 分钟就能到延庆，50 分钟即可到张家口。冬奥会进行时，高铁会成为运动员参赛、观众观赛的上佳之选。以后周末去崇礼滑个雪，完全就是一场说走就走的旅行。

航拍崇礼滑雪场

2012 年 1 月 6 日，崇礼云顶乐园滑雪场

　　在这里要澄清一个事实：京张高铁并不是为冬奥专门修建的，它是京津冀城际铁路网以及北京近郊区城际铁路的重要组成部分。冬奥会举办是在2022 年，在那之前，高铁就已经完工，并服务于 2019 年在延庆举办的世界园艺博览会。

　　除了高铁，北京新国际机场将在 2019 年建成投入使用，新机场将与北京首都国际机场、张家口宁远机场更快捷地连接。

　　三大赛区之内，布局非常紧凑，北京赛区最远场馆距离奥运村 15 分钟车程，58% 的场馆车程在 5 分钟之内；延庆赛区所有场馆都不超过 10 分钟车程；张家口赛区所有场馆都不超过 5 分钟车程。

星级客房 13 万间满足住宿需求

北京、延庆和张家口三个赛区目前拥有星级饭店 576 家、客房 116368 间。预计到 2022 年，三个赛区星级饭店总数将达到 600 多家，客房近 13 万间。

北京饭店

北京承诺，三个赛区的住宿设施能在冬奥会期间为所有宾客提供数量充足、价格合理、方便快捷、选择多样的住宿服务。

作为国际大都市，北京的各类住宿设施数量众多，品质上乘；延庆赛区是著名的八达岭长城所在地，高端度假酒店和乡村旅游接待是其住宿特色；张家口赛区高档星级酒店、舒适滑雪温泉度假村和富有民族特色的农家旅馆构成了完善的接待体系。

北京申办冬奥大事记

2013 年 11 月 3 日，中国奥委会正式致函国际奥委会，提名北京市为 2022 年冬奥会的申办城市。

2014 年 3 月 14 日，国际奥委会宣布，中国北京、波兰克拉科夫、挪威奥斯陆、哈萨克斯坦阿拉木图和乌克兰利沃夫 5 个城市正式申办 2022 年冬奥会。

2014 年 7 月 7 日，国际奥委会宣布，中国北京与挪威奥斯陆、哈萨克斯坦阿拉木图三座城市正式入围 2022 年冬奥会候选城市。

2014 年 8 月 1 日，以中国书法"冬"字为创作主体的北京申办 2022 年冬奥会的标识，在北京冬奥申委第一次全体会议上正式亮相。

2014 年 10 月 1 日，挪威奥斯陆正式退出申办，候选城市只剩下北京和哈萨克斯坦的阿拉木图。

2014 年 11 月 1 日，北京申办 2022 年冬奥会宣传片《纯洁的冰雪　激情的约会》正式推出。"万里长城万里长，长城外面是故乡"，伴随着《长城谣》优美的旋律，长城内外飘下了雪花，规划用于举办冬奥会的鸟巢、水立方等场馆群的画面在宣传片中一一亮相。

2014 年 11 月 10 日，张艺谋在水立方前观看奥林匹克公园焰火表演

　　2014 年 12 月 25 日，曾经执导北京申办 2008 年奥运会宣传片的我国著名电影导演张艺谋，正式以北京申办 2022 年冬奥会主宣传片总导演的身份亮相。

2015 年 1 月，北京冬奥申委代表团赴瑞士洛桑，提交申办报告

2015 年 1 月 6 日，北京冬奥申委在瑞士洛桑向国际奥委会提交 2022 年冬奥会申办报告。

2015 年 3 月 24~28 日，国际奥委会评估团来华实地评估考察北京和张家口。

2015 年 6 月 1 日，国际奥委会公布 2022 年冬奥会候选城市评估报告。

北京 2022 形象大使、自由式滑雪空中技巧世界冠军李妮娜（左），国际奥委会委员、冬奥会短道速滑冠军杨扬（中），以及北京 2022 形象大使、著名篮球运动员姚明

2015 年 7 月 31 日，北京申冬奥代表团在马来西亚吉隆坡进行最后陈述，国际奥委会宣布北京成为 2022 年冬奥会举办城市。

冬奥小知识

1.2022 年冬奥会是中国继 2008 年北京夏季奥运会、2014 年南京青奥会后，又将举办的一个重大奥运赛事，是中国第三次举办奥运赛事。

2. 中国是世界上第 9 个既举办过夏奥会也将举办冬奥会的国家。

3. 北京是全球第一座既举办过夏季奥运会，又将举办过冬季奥运会的城市。

4.2022 年冬奥会的最终 PK 是中国北京 vs 哈萨克斯坦阿拉木图，票数是 44 比 40。

5.2022 年北京冬奥会计划于 2022 年 2 月 4 日开幕，正值中国虎年春节期间。开幕式将从极具代表性的"长城"和"春节"等元素中汲取灵感。

6.2022 年冬奥会，北京是主办城市，张家口为协办城市。北京冬天的冰很厚，所以承办冬奥会的冰上项目。延庆和张家口的冬天雪很多，所以承办冬奥会的雪上项目。

7.2022 年冬奥会所有新建竞赛场馆计划 2017 年开工建设，2019 年主体工程完工，以满足 2020 年举办系列测试赛的需要。

8. 北京 2022 年冬奥会的三大理念是"以运动员为中心、可持续发展、

节俭办赛"。

9. 中国队在 1980 年首次出征冬奥会，不过始终与金牌无缘，直到 2002 年在美国盐湖城举办的第 19 届冬奥会，中国队才由短道速滑运动员杨扬实现了金牌零的突破。

10. 截至 2014 年，中国健儿共在冬奥会上拿到 12 枚金牌。

第二篇

冬奥项目

冰　球

　　手拿球杆，脚踩冰刀，帅气的头盔和"全副武装"，没错，这就是一名现代冰球运动员的标准打扮。冰球是融曲棍球、速度滑冰技术与足球战术思想为一体的体育运动，这让冰球运动员在比赛中个个看起来都像"钢铁侠"。

冰球选手全副武装出场，就像一个个钢铁侠

　　很久以前，生活在加拿大的印第安人在冰面上用木棍击打骨头，这种有趣的游戏就是冰球运动的雏形。后来，一位名叫乌·罗伯逊的加拿大人把在英国留学期间掌握的曲棍球打法和印第安人的"有趣游戏"结合起来，现代

冰球运动就这么慢慢地形成了。

1875 年的冬天，在加拿大蒙特利尔举办了第一场冰球比赛。当时，每支球队有 30 名队员出场，60 人挤在一起的场面，虽然看起来壮观，但十分混乱。1912 年，加拿大国家冰球协会首创 6 人制打法，并被国际冰联沿用至今。

我们经常看到的冰球国际比赛，标准场地长 61 米、宽 30 米，球门高 1.22 米、宽 1.83 米，使用的冰球一般用硬橡胶制成，厚 2.54 厘米，直径 7.62 厘米，重约 170 克。比赛时，每队上场 6 人，前锋 3 人，后卫 2 人，守门员 1 人。运动员用冰杆将球击入对方球门，以多者为胜。全场比赛分为 3 局，每局 20 分钟，可随时换人，运动员犯规还要受到离场 2 分钟、5 分钟、10 分钟或更重的处罚。

2014 年索契冬奥会冰球比赛精彩瞬间

冰球进入冬奥会是在 1956 年，当时只有男子项目。直到 1998 年，冬奥会才引进女子项目。

早在冰球进入奥运会之前，北美冰球职业联赛（NHL）在 1917 年就开始了。作为全球顶级的职业冰球联赛，NHL 在北美的地位甚至比姚明曾经参加的 NBA 还要高。

2015 年，NHL 整体市值达到 151.5 亿美元。在 NHL 的注册球员中，不少人的年收入达到千万美元。其中，匹兹堡企鹅队当家球星西德尼·克罗斯比在 2015 年收获了 1650 万美元。

现在，冰球职业联赛在全世界各地都有开展，其中加拿大队的实力最强，过去两届冬奥会，他们都拿走了这块集体项目的金牌。与男队相比，加拿大女队更是傲视群芳，是过去三届冬奥会的霸主。

英如镝代表昆仑鸿星出战

冰球比赛好看又刺激，但是中国冰球队过去两届冬奥会都没有拿到参赛资格。稍显安慰的是，冰雪运动在我国越来越热，北美职业冰球联赛已在CCTV 5 频道播出，近五年参与冰球运动的人以年均 30%~40% 的速度增长，其中 80% 是 10 岁以下的孩子。

从 2016 年 6 月开始，中国球迷坐在家门口已能看到高水平的冰球比赛：拥有英如镝等 4 名中国球员的北京昆仑鸿星冰球俱乐部加入到俄罗斯大陆冰球联赛（KHL）。与 NHL 一样，KHL 也是世界顶级冰球职业联赛。

此外，1997 年出生的北京小伙子宋安东参加了 NHL 选秀。2015 年，代表北京在吉隆坡进行申冬奥陈述时，宋安东说："NHL 职业比赛是一种商业比赛，奥运会却是为自己国家争光。2022 年冬奥会，我们中国会有一支非常有实力的冰球队。"

宋安东代表北京在吉隆坡进行申冬奥陈述

冰　壶

　　肚子胖胖圆圆、花岗岩材质的冰上圆壶，就是冰壶。冰壶可是个古老的项目，早在 14 世纪的苏格兰，流行在冰上进行一种类似地滚球的游戏，这就是最早的冰上溜石，也就是我们今天所说的冰壶。至今在苏格兰还保存刻有 1511 年份的砥石（冰壶）。

　　目前世界上所有制造优质冰壶用的天然花岗岩均产自苏格兰近海的一个小岛，所以也只有苏格兰人掌握着制作世界顶尖水平冰壶的技术。

　　2006 年都灵冬奥会冰壶比赛，英国队在比赛中以 9 ∶ 5 击败了东道主意大利队。冰壶比赛有冰上象棋之称，画面中的两名英国选手就像两名正在对弈的智者，思索下一枚棋子该落于何处。

　　冰壶比赛在两队之间进行，每队 4 名队员各投掷两次冰壶，简单说，就是一方的冰壶比对方更接近营垒（赛道终点的圆圈）中心点，将得一分。共进行 10 局，每局投两次（共 16 枚溜石），双方轮换先后手，得分高的队获胜。冰壶的看点就在于双方运用各种技术在场上斗智斗勇，因此很多人说，冰壶是一种"冰上象棋"。

　　看过冰壶比赛的观众都发现，打冰壶比赛时，运动员一直用毛刷子刷冰面。

因为，擦冰面可以起到光滑冰面的作用，从而减小冰壶与冰面的摩擦，保证冰壶的速度不会减小。当然，运动员要根据场上的形势来调整冰壶投出后的速度。

观众们还注意到，冰壶一掷出去，运动员会大声喊叫，其实这是在发送口令。投壶队员通常会喊两种命令：Hurry or Hurry Hard，一般是作为战术指导的队员喊出这个命令，意思是让擦冰的运动员快速擦冰；Whoa，就是我们经常听到的类似"我我我"的声音，意思是让擦冰的运动员停止擦冰。

别看冰壶那么早就"诞生"了，但是真正进入冬奥会却经历了一个颇为漫长的过程。1924 年，冰壶首次以表演项目的形式在冬奥会上亮相。但是一直到 1993 年，国际奥委会才决定，从 1998 年开始，冰壶成为冬奥会正式比赛项目。

过去几届冬奥会，冰壶只有男、女两个团体项目。不过，国际奥委会执委会已经通过决议，同意 2018 年平昌冬奥会给冰壶项目增加混合双人赛。

起源于欧洲的冰壶，发扬光大却是在美洲，过去三届冬奥会，全都是加拿大队拿到了男子冰壶项目的冠军。加拿大的女子冰壶战绩也不俗，获得 2014 索契冬奥会冠军。温哥华冬奥会和都灵冬奥会的女子冰壶金牌，被瑞典队包揽。

就在十几年前，"冰壶"对中国人来说还是一个陌生的词汇。1995 年，在世界冰壶联合会的大力推动下，由日本出人、加拿大出技术在中国举办了第一届冰壶培训班。2000 年，中国第一支冰壶队哈尔滨市队成立。2003 年，第一支国字号队伍诞生。同年，中国加入世界冰壶联合会。自此，世界冰壶赛场有了中国运动员的身影。

2014 年索契冬奥会，王冰玉领衔的中国女子冰壶队在比赛中

　　冰壶真正在国内引起人们的注意，还要从中国女子冰球队说起。2006 年中国女队获得世锦赛第五名。时隔两年，在加拿大弗农举行的 2008 年世

锦赛上，中国姑娘曾两度击败冰壶"梦之队"加拿大队，获得亚军；而男队随后在美国北达科他州举行的男子世锦赛上夺得第四名，同样创造历史最佳战绩。据报道，那一届的女子冰壶世锦赛在加拿大创造了93%的高收视率，而这一切皆缘起于中国女"壶"在赛场上掀起的"东方旋风"。

2014年索契冬奥会，中国男子冰壶队夺得第四，
创造了男队在冬奥会的最好成绩

速度滑冰

　　身穿连体服、脚踩冰刀，在冰场上唰唰地滑过，这就是速度滑冰。要说滑冰运动的历史，那得追溯到很久很久以前。古代生活在寒冷地区的人们，在冬季冰封的江河湖泊中，以滑冰作为交通运输的手段。后来，随着社会的进步，这种运输手段逐渐发展为滑冰游戏。最后发展成为速滑运动。

速度滑冰比赛中的选手

　　其实，滑冰运动的发展，从滑冰工具的改进上也可以看出端倪来。从10世纪开始，出现用骨制的冰刀。到1250年左右，荷兰盛行钉在木板上的铁制冰刀，绑在鞋上，在冰面上滑行。17世纪，铁制冰刀有了改进，有人发明了管式铁制冰刀，这让速滑运动有了新发展。

　　中国的速度滑冰历史也颇为悠久，要追溯到宋朝时期，那时候出现了由滑雪发展而来的"冰嬉"。到了清代乾隆年间，甚至有了一套管理制度和训练方法，管理机构称为"冰处"。19世纪末，欧洲的滑冰运动传入中国，参加速滑运动的人逐年增多，特别是东北三省的群众性冰上运动开展得十分活跃。

　　速度滑冰场地，是由两条直道连接两条半圆弯道组成的封闭式跑道，最大周长400米，按逆时针方向滑行。

　　速度滑冰历史悠久，进入冬奥会时间相对较早。1892年，国际滑冰联盟成立，负责组织比赛的项目有速度滑冰和花样滑冰，并规定每年举行一次世界男子速滑锦标赛。1893年，举办了第一届世界男子速滑锦标赛。1924年第一届冬奥会就出现了男子速滑比赛项目。

　　目前的冬奥会上，速度滑冰是金牌大项，女子项目包括500米、1000米、1500米、3000米、5000米、团体追逐；男子速滑项目包括500米、1000米、1500米、5000米、10000米、团体追逐。值得一提的是，2018年平昌奥运会还增加了集体出发项目。

　　荷兰一直是速度滑冰项目的"王者"：2014年索契冬奥会，取得8枚金牌；在2010年温哥华冬奥会上，韩国与荷兰一样，在该项目上取得了3枚金牌；2006年都灵冬奥会上，美国和荷兰均以3枚金牌位列该项目首位。

要说中国速度滑冰的代表人物，一定要提到两位女运动员：叶乔波和张虹。大家都知道"乔波精神"，几乎成了坚韧不拔的代名词。

中国选手叶乔波在 1992 年冬奥会短道速滑女子 500 米
比赛中夺得银牌，实现了中国冬奥会奖牌零的突破

2014 年索契冬奥会，张虹夺得速度滑冰女子 1000 米金牌

叶乔波在 1992 年冬季奥运会上，获得 1000 米和 500 米速滑的两枚银牌，为中国实现了冬奥会奖牌零的突破；1994 年第 17 届冬奥会，她忍受严重伤痛，坚持参加比赛，仍夺取女子 1000 米铜牌。

在叶乔波取得奥运银牌 20 多年后，我国终于实现了速度滑冰冬奥金牌零的突破。2014 年 2 月 13 日，索契冬奥会速度滑冰女子 1000 米决赛，中国选手张虹以 1 分 14 秒 02 夺得金牌！

创造历史的张虹，练习速度滑冰其实是"半路出家"。2008 年，

2016 年 1 月 29 日，15/16 速度滑冰世界杯挪威站首日：中国选手出战，女子 500 米张虹夺金、于静摘银

张虹从一名短道速滑选手改行成为一名速度滑冰选手。因为自身身体条件优异，同时练习刻苦，一举完成了中国队在速度滑冰项目上的突破。

短道速滑

　　如果说速度滑冰项目，中国队仍在崛起，那么短道速滑项目，则是中国队的强项，曾 20 次打破该项目世界纪录。截至 2014 年索契冬奥会，中国队共摘下 12 枚冬奥会金牌，短道速滑队拿到了其中的 9 枚。

2002 年冬奥会短道速滑女子 500 米决赛：杨扬（左）为中国夺得首枚冬奥金牌，获胜后中国的两位功臣杨扬和王春露擎着国旗向观众致意

　　2006 年都灵冬奥会，王濛夺得 500 米金牌。2010 年温哥华冬奥会，王濛斩获女子 1000 米和 500 米金牌，并和队友周洋、张会、孙琳琳一起拿下女子短道速滑 3000 米接力金牌！两届冬奥会，王濛斩获 4 金，开创了一个"濛时代"

2010 年温哥华、2014 年索契，周洋连续两届冬奥会拿到女子 1500 米金牌

　　不少人对速度滑冰和短道速滑分不清楚，其实无论从赛道、装备、规则，甚至所使用的冰刀，这两个项目都有很大不同。比起"前辈"速度滑冰，短道速滑的诞生迟到了近 100 年。短道速滑在 19 世纪 80 年代起源于加拿大，那时候，一些速度滑冰爱好者在室内冰球场上练习，渐渐地就有了室内的速度滑冰比赛。到了 20 世纪初，这项比赛亦逐渐在欧洲和美洲国家广泛开展。

　　1992 年，短道速滑才被列为冬奥会比赛项目。2018 年平昌奥运会共设 8 枚金牌，分别是男、女 500 米、1000 米、1500 米，此外接力项目男子为 5000 米，女子为 3000 米。

2014 年索契冬奥会，李坚柔勇夺 500 米金牌喜极而泣

短道速滑比赛时，4~8 名运动员在一条起跑线上同时起跑出发，站位通过抽签决定。最新规则规定，预赛站位通过抽签决定，之后的比赛按照上一轮比赛的成绩确定站位，成绩好的站内道。比赛途中在不违反规则的前提下，运动员可以随时超越对手。

中国、韩国是短道速滑比赛的竞争对手，最近三届冬奥会，两国均有金牌入账。索契冬奥会，中国、韩国、俄罗斯和加拿大瓜分了全部 8 枚金牌。温哥华冬奥会，中国队勇夺 4 枚金牌，韩国队和加拿大队平分了其余 4 枚金牌。而在都灵冬奥会，韩国队一枝独秀取得 6 枚金牌，中国队和美国队各获

得 1 枚金牌。

短道速滑项目进入中国是在 1981 年，次年 2 月在北京首都体育馆举行了第 1 届全国短道速滑比赛，1983 年起被列为全国冬季运动会正式比赛项目。经过 20 余年的努力，中国短道速滑队不断成长，先后有 23 位优秀运动员，20 次打破世界纪录，获得 103 个世界冠军。

李琰，被称为"改变中国短道速滑历史的女人"，她的辉煌从运动员生涯开始。1992 年冬奥会，李琰夺得女子 500 米短道速滑银牌，这是中国短道速滑第一枚奥运奖牌。2006 年冬奥会后，她以中国速滑队主教练的身份开始了另一段辉煌：2010 年的温哥华冬奥会，中国女子短道速滑队包揽了所有项目的 4 枚金牌。

2016 年 12 月 8 日，上海，16/17 短道速滑世界杯上海站，
李琰参加赛前发布会

2010年温哥华冬奥会，王濛斩获女子1000米和500米金牌，周洋拿到女子1500米金牌，更为荡气回肠的是，由王濛、周洋、张会、孙琳琳组成的中国队力压劲敌韩国队拿下女子短道速滑3000米接力金牌！由一个国家代表队包揽所有项目金牌，这在冬奥会历史上还是第一次！

2014年冬奥会，李琰继续率队出战，在王濛因伤缺阵的情况下，中国选手依旧锋芒毕露，周洋卫冕女子1500米冠军，李坚柔勇夺500米金牌！

与李琰一样，杨扬、王濛的名字也足以载入史册：2002年美国盐湖城冬奥会，杨扬勇夺500米、1000米两块金牌，为中国实现了冬奥会上金牌"零"的突破。

花样滑冰

2010 年温哥华冬奥会，申雪、赵宏博双人滑摘金

　　旋转、跳跃、托举……在音乐的伴奏下，运动员在冰面上完成一系列富有艺术感的动作，这就是花样滑冰，又被称为"冰上芭蕾"。

　　如前文所说，滑冰在中国历史悠久，从宋代就有"冰嬉"。到了清朝乾隆年间，在画家沈源的一幅《冰嬉赋》图中出现了大蝎子、金鸡独立、哪吒探海等姿势。清朝末年，专供慈禧观赏的北京北海滑冰表演中，有了双飞燕、蝶恋花等双人动作和朝天镫、童子拜佛等单人动作。当时，民间的冰上表演有猿猴抱桃、卧鱼、鹞子盘云、凤凰展翅、摇身晃等动作。这些可以被认作花样滑冰在中国的雏形。

不过，现代花样滑冰起源于18世纪的英国，随后相继在德国、美国、加拿大等欧美国家迅速开展。当时举行的花样滑冰比赛是所谓的"英式风格"，古板又正式。1863年美国芭蕾舞表演艺术家海因斯将滑冰运动与舞蹈艺术融为一体，一下子就丰富了花样滑冰的内容和形式，让这个项目充满了艺术气息，从此便大受欢迎。

花样滑冰进入奥运会较早，1924年首届冬季奥运会，便有了花样滑冰比赛。与其他冰上项目不同，花样滑冰选手衣着华丽，但是最初可不是这样的。

花样滑冰最开始是在室外举办，为抵御寒冷的天气，女选手穿紧身带扣的上衣，长裙直达脚面；男选手则头戴高筒式礼帽，身穿长燕尾服和长西装裤。此时，问题出现了，较为笨重的服装无法改进滑冰技术，三次冬奥会冠军得主索尼娅·海妮便对女子服装进行了大胆改革，她将裙子提高到膝部。同时，男士服装也有了改进，变为齐腰的短西服上衣和芭蕾紧身裤，滑起来更加自由。

从20世纪40年代开始，女选手的裙子一次又一次变短，并出现了上衣与裙子一体化的短连衣裙。为了表演的需要，服装还添加了如毛边、亮片、珠子等装饰物。

目前的冬奥会上，花样滑冰共有5个项目，分别为男、女单人滑，双人滑，冰上舞蹈和团体比赛。

在单人滑与双人滑比赛中，选手必须完成短、长两套节目。在短节目中，选手必须完成一系列必选动作，包括跳跃、旋转和步法；在长节目也就是自由滑环节，选手选择动作有更大的自由度。与双人滑相同，冰上舞蹈也要求男女选手配合。两者最大不同在于，冰舞的技术动作不包括跳跃和旋转，托举也不能过肩。

中国女子单人滑代表人物李子君

俄罗斯是花样滑冰项目的强国，但美国、韩国、加拿大，包括中国，在近三届冬奥会上都有斩获。俄罗斯运动员"冰上王子"普鲁申科、韩国女选手金妍儿是花样滑冰赛场的佼佼者，拥有无数粉丝。

中国花样滑冰的最大明星无疑就是申雪、赵宏博，两人在2002年、2006年两届冬奥会上接连拿到铜牌之后，没有放弃，一直坚守赛场，终于在2010年温哥华冬奥会上创造历史，夺得了我国首枚冬奥会花滑双人金牌。

俄罗斯冰上王子普鲁申科

　　其实，中国花样滑冰队早在 1980 年便开始参加冬奥会的比赛，但由于艺术表现力欠佳，成绩一直不尽如人意。在申雪、赵宏博之前，一位名叫陈露的中国女孩曾让世界冰坛感到震惊。陈露是在 11 岁时就完成过三个三周跳的天才选手，1994 年、1998 年两届冬奥会，她连续夺得铜牌。

雪　车

　　说起雪橇，大家是不是第一个就想到了圣诞老人？跟圣诞老人驾驭雪橇不同的是，冬奥会的雪橇比赛可是在冰道上进行，它"飞起来"的速度绝对不比圣诞老人的雪橇逊色，时速最高可达到 120 公里。

　　冬奥会的雪橇比赛项目有三种，它们分别是雪车、钢架雪车、雪橇，大家经常把这三个项目弄混，我们先来简单辨识一下它们。

　　首先从选手的姿势来看，如果是坐在里面的，就是雪车项目。如果是趴着比赛的，就是钢架雪车项目。如果是躺着比赛的，那就是雪橇项目了。

　　如果按照参赛人数来区分，钢架雪车只有单人项目。雪橇则有男子单人和双人、女子单人这三项。雪车最多可以容纳四人，分为男子双人、男子四人和女子双人三个项目。

　　作为冬奥会最古老的项目，1924 年第一届冬奥会，雪车就已经是正式比赛项目了。它是一种集体乘坐的雪橇，利用舵和方向盘控制在人工冰道上滑行。

雪车项目

雪橇项目

钢架雪车项目

雪车比赛中需要极强的团队配合

　　雪车，也称有舵雪橇、长雪橇，由金属制成，因为它的身体比较长，形状就像一个小船，只不过这个"船"不是在水面划行的。比赛开始的时候，选手尽力快速推送雪车大约50米，然后快速跃入车内。在争分夺秒的比赛中，团队配合非常重要。

　　比赛时，选手距离冰面非常非常近，车速非常非常快，在一连串设计好的减速或增速的冰道里风驰电掣般行驶。因此，雪车比赛极具观赏性与刺激性，给观众非常强烈的视觉冲击。

　　很多人在看比赛时都担心选手是否安全，在经过了100多年的发展之后，雪车比赛的安全性是有保证的，选手有专用的比赛服、护肩、护肘、头盔和专用钉靴。

4 人座位的肯定是雪车

雪车比赛最开始允许 5 人乘坐，其中男子 3 人，女子 2 人，后来就改成了只允许男子参加，乘员人数由 5 人减到 4 人。1932 年冬奥会，又设置了双人雪车项目，2002 年盐湖城冬奥会才开始有女子比赛。

双人座雪车长不得超过 2.70 米，宽 0.67 米；4 人座雪车最长 3.8 米，宽 0.67 米。双人座雪车比赛时，总重量不得超过 375 公斤，4 人座雪车总重量不得超过 630 公斤，不足重量可携带其他加重物补足。滑道全长为 1300~2000 米，起点至终点的高度差异是 100~150 米。每次比赛滑行 4 次，以 4 次比赛的累计时间计算成绩，时间少者名次列前。遇两队时间总和相等时，以任何一次最少时间的队为胜。

雪车选手比赛中

在冬奥会的历史上，德国队是雪车项目上的霸主。截至索契冬奥会，他们已经赢得了 8 金 4 银 6 铜的佳绩。

雪车项目上也出现过不少明星，比如美国人伊根，他曾经赢得过 1920 年夏季奥运会拳击金牌。1932 年他又参加了冬奥会，并夺得雪车金牌。伊根成为历史上第一位也是迄今为止唯一的一位在夏季奥运会和冬季奥运会都获得过金牌的运动员。

2014 年索契冬奥会，雪车项目又出现了一位跨界名将，她叫劳琳·威廉姆斯。劳琳曾经是一名田径运动员，并连续参加了雅典、北京和伦敦三届奥运会，在雅典她还获得百米银牌。2013 年劳琳选择退役，不过很快她又开始练习雪车，并代表美国队参加冬奥会，获得女子双人银牌。拿到索契奥运会银牌时，劳琳只在雪车项目上训练了 6 个月。

劳琳·威廉姆斯原来是位田径选手，参加过雅典、北京、伦敦三届夏季奥运会，退役之后，她练习雪车项目仅仅 6 个月，便在索契冬奥会拿到银牌

雪　橇

前面我们已经讲过，雪车比赛时运动员是坐着比赛，躺着比赛的是雪橇。此外，雪橇只能人工操纵，不准装置能操纵滑板的舵和制动器，因此也叫无舵雪橇。比赛中，运动员仰面躺在雪橇上，双脚在前，通过变换身体姿势来操纵雪橇的速度方向。

雪橇全长为 70~140 厘米，比雪车要短，所以也叫作短雪橇。雪橇为木制，底面有一对平行的金属滑板，单座重量不准超过 20 公斤，双座不准超过 22 公斤。比赛线路长度为男子 1000~1400 米，女子 800~1200 米，起点与终点的高度差为 70~130 米。

雪橇起源于北欧，所以又称北欧冰橇。据记载，早在 1480 年挪威就已出现了雪橇。1883 年 2 月 12 日，瑞士人皮特和澳大利业人乔治联手进行了一次"伟大的国际雪橇比赛"，他们用时 9 分 15 秒滑过瑞士达沃斯 4 公里的赛道。随后这项运动在瑞士、奥地利、德国、意大利以及美国等地迅速兴起。雪橇 1964 年在第 9 届冬奥会上被列为正式比赛项目，最高时速超过 140 公里，那也是相当的刺激。

雪橇选手在比赛中

雪橇选手手套上面镶满钢钉，被戏称为"夺命手套"

与许多极限运动一样，雪橇具有一定风险性，不过多数是碰伤、擦伤、骨折和脑震荡。在 2010 年温哥华冬奥会上曾经发生了一起悲剧：格鲁吉亚选手诺达尔·库玛丽塔什维利在一次练习中遭受致命碰撞，最终失去生命。他是第四位在参赛练习时去世的选手。

与雪车一样，雪橇比赛中实力最强的也是德国队，他们在冬奥会历史上总共拿到了 15 金 9 银 7 铜。不过，获得冬奥会奖牌数量最多的运动员则是意大利的佐格勒，他 14 岁就拿到了世界杯青年赛金牌，19 岁进入国家队。

　　从 1994 年开始到 2014 年，1974 年出生的佐格勒连续参加了六届冬奥会男子单人赛，每次都能拿到奖牌（共 2 金 1 银 3 铜）。20 年间始终保持在竞技水平的高峰，这与佐格勒的性格与坚持密不可分。他在准备比赛时总是显得冷静、理性且一丝不苟。此外，20 年来佐格勒几乎每天都要花 5 个小时在雪橇上进行训练。

　　佐格勒在 2010 年温哥华冬奥会上被选为意大利旗手，但由于第二天要参加比赛，他放弃了这个荣誉。2014 年索契冬奥会，意大利再次将开幕式旗手的荣耀给了他，这一次佐格勒终于在全世界面前让更多人记住了他。

意大利选手佐格勒连续 6 届冬奥会拿到奖牌

钢架雪车

钢架雪车，又称俯式冰橇，比赛所用的赛道与雪橇相同，不同的是滑行姿势。雪橇是选手仰躺在雪橇上，脚在前头在后；而钢架雪车则相反，选手俯身趴在雪车上，头朝前脚在后。

选手趴在雪车上比赛，所以钢架雪车也叫俯式冰橇

钢架雪车与雪橇一样都是起源于北欧，历史上第一次进行俯式冰橇比赛

在 1884 年，参赛者在结冰的道路上举行比赛，从圣莫里茨滑到塞勒里那，获胜者得到一瓶香槟当作奖赏。

选手在出发时，要加速推车

　　钢架雪车项目曾在 1928 年第 2 届冬奥会上进行过比赛，但因为危险性较高，1948 年冬奥会之后被取消。直到 2002 年盐湖城冬奥会，钢架雪车才再度成为冬奥会比赛项目。在这之前只有男子组比赛，盐湖城冬奥会开始增加了女子组的比赛。

出发时，选手必须将雪车推向前，加速之后迅速登上雪车完成比赛，出发动作必须由选手自行完成，不得借助他人之力。很有意思的是，钢架雪车比赛中途允许选手掉落，但在通过终点时，选手必须在雪车上才算完成比赛。

钢架雪车所使用的器材重量也有要求，男子比赛使用的钢架雪车，规定重量不得超过 43 公斤，雪车和选手加起来重量不得超过 115 公斤。如果雪车和选手加起来重量超过 115 公斤，雪车重量不得少于 33 公斤。女子比赛中，雪车不得超过 35 公斤，雪车和选手加起来重量不得超过 92 公斤，如果雪车和选手加起来重量超过 92 公斤，那么雪车不得少于 29 公斤。

钢架雪车选手在比赛中

　　如果你非常喜欢这项运动，但是体重不够怎么办呢？可以在冰橇上增加重物，但不得在选手身上放置重物。

钢架雪车选手的头盔非常漂亮，成为赛场一道亮丽的风景

冬季两项

冬季两项，看名字我们就知道，这是两个项目集合，是哪两个项目呢？越野滑雪＋射击。

至于为什么叫"冬季两项"，那要先了解项目的起源。

冬季两项起源于斯堪的纳维亚半岛，由远古时代的滑雪狩猎演变而来。在挪威曾发现过大约4000年前的两人足蹬雪板、手持棍棒追捕野兽的石雕。中世纪开始，这项运动被逐渐纳入军事训练科目。1767年挪威边防军滑雪巡逻队举行了滑雪射击比赛，据记载，这是世界上最早的现代冬季两项比赛。

1861年挪威成立了世界上最早的滑雪射击俱乐部。1912年挪威军队在奥斯陆举行了名为"为了战争"的滑雪射击比赛。随后，冬季两项逐渐在欧美国家开展，成为一种体育运动项目。

最初，冬季两项是冬奥会的表演项目。所谓表演项目就是只比赛和颁奖，但是奖牌数不计入总奖牌榜。在2008年北京夏季奥运会上，武术就是表演项目。

冬季两项是越野滑雪和射击

2014 年索契冬奥会冬季两项男子 4x7.5 公里接力赛决赛：俄罗斯队夺冠

　　直到 1960 年，冬季两项才被列为冬奥会比赛项目，并定名为"现代冬季两项"，不过当时只有男子比赛。1992 年的阿尔贝维尔冬奥会开始设立女子项目。

　　冬季两项比赛中，运动员身背专用小口径步枪。比赛时，运动员要脚穿滑雪板，手持滑雪杖，携带枪支，沿标记的滑道，按正确的方向和顺序滑完预定的全程。每滑行一段距离进行一次射击，最先到达终点者获得优胜。如果在射击比赛中成绩不佳，就会有"罚时"，也就是给你的比赛滑行时间增加"几分钟"。

选手要在比赛中完成越野滑雪和射击两个项目

冬季两项最传奇的人物是挪威名将比约达伦，从 1994 年到 2014 年，他连续参加了 6 届冬奥会，获得 8 金 4 银 1 铜，创造了冬奥会奖牌数纪录。2014 年，40 岁的他还成为冬季两项历史上最年长的个人冠军，人们都称他为"冬季两项之王"。

挪威名将比约达伦连续参加 6 届冬奥会，获得 8 金 4 银 1 铜

　　我国从 1980 年开始参加冬奥会冬季两项，最早是在部队中开展此项运动，发展至今有 30 多年的历史。与其他欧洲一些冬季两项运动强国相比，我国起步较晚，属于正在追赶阶段。

2007 年 2 月 2 日，第六届亚洲冬季运动会冬季两项女子 4×6 公里接力赛，
中国队获得冠军，图为董雪在比赛中

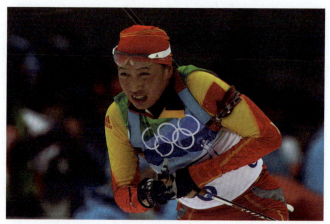

出战 2010 年温哥华冬奥会的我国女子冬季两项选手孔颖超

北欧两项

冬季两项是"越野滑雪＋射击"，那么北欧两项呢？它是"越野滑雪＋跳台滑雪"。

北欧两项是越野滑雪和跳台滑雪

北欧两项起源于北欧，北欧斯堪的那维亚半岛地区冬季雪多，适于开展滑雪运动，但因缺乏阿尔卑斯山脉那样的高山，高山滑雪不够普及和发达，而越野滑雪和跳台滑雪却得到较好的开展。于是出现了既要求越野滑得快，又要求跳雪跳得远的北欧两项比赛项目。这个项目是北欧几个国家的体育强

项，故又称北欧全能。

北欧两项在 1924 年就被列为首届冬季奥运会比赛项目，1984 年以前只设个人赛，1988 年起增设团体赛，仅有男子项目。比赛按跳台滑雪、越野滑雪的顺序进行。2002 年盐湖城冬奥会开始增设大台男子短距离项目。

既然是两个比赛项目的结合，北欧两项比赛规则就是越野滑雪、跳台滑雪各单项的规则，最初这个项目的成绩计算是根据两个单项的成绩换算为得分，得分相加排名次，得分最高的就是冠军。1992 年开始，成绩计算开始有变化，根据跳台滑雪得分高低，第二天越野滑雪出发时间不同，最后谁先到终点谁是冠军。

2014 年索契冬奥会北欧两项男子团体赛：挪威队夺冠

2014 年索契冬奥会北欧两项男子个人赛（标准台）比赛中，德国选手弗伦泽尔获得冠军。

挪威是北欧两项的霸主，截至目前，他们共赢得 13 金 9 银 8 铜。获得北欧两项奖牌最多的运动员是奥地利人古特瓦尔德，他参加了 2002 年至 2010 年三届奥运会，共赢得 3 金 1 银 3 铜。

因为跳台滑雪水平受限，中国队还没有参加过冬奥会北欧两项的比赛。

越野滑雪

　　大家都知道越野跑吧？越野跑就是在固定的线路上跑步,那越野滑雪呢,就是在固定的线路上滑雪。

越野滑雪的赛道

越野滑雪也是起源于北欧，所以又称北欧滑雪。据记载，1226年挪威内战时期，两名被称为"年桦木腿"的侦察兵，怀藏两岁的国王哈康四世，滑雪翻越高山，摆脱了敌人。为了纪念这段历史，直到现在，挪威每年都还举办越野马拉松滑雪赛，距离为35英里，与当年侦察兵所滑路程相同。

要想参加冬奥会的越野滑雪，并不是一件简单的事情，因为滑雪还有技术要求：传统技术和自由技术。

传统技术包括交替滑行、双杖推撑滑行、无滑行阶段的八字踏步、滑降以及转弯技术。不允许有双脚或单脚的蹬冰动作，雪板必须放在压好的雪槽里，两个滑雪板保持与滑行方向平行，运用双腿的前后摆动和雪杖来前进。运动员在"踏步"前进时与走动类似，只是在滑雪时用雪杖产生推力，每次跨步会滑行一段距离，在滑行中，感觉就像穿着光滑的鞋子在大理石面上滑行一样。

翻越高山，越野滑雪是为了纪念古代战争时期的侦察兵

太累了，我得好好休息会儿

在超越前面运动员的时候，可以跳出雪槽改道滑行，特别是下坡和平地雪道是超越对手的黄金赛段，后面运动员想要超越的时候，可以踩前面运动员的雪板提醒他，而前面的运动员得到提醒后必须让出雪道，否则算是犯规。

越野滑雪在 1924 年首届冬奥会被列为比赛项目。挪威是越野滑雪的王者，共获得冬奥会越野滑雪项目 40 金 38 银 29 铜，奖牌数达到 107 枚！获得奖牌最多的运动员也是挪威人，他叫比约恩 – 戴利，他参加了 1992 年、1994 年、1998 年三届冬奥会，获得 8 金 4 银。

越野滑雪的出发方式有间隔出发和集体出发。间隔出发，就是每隔 30 秒出发一位运动员，以到达终点的时间确定名次。用时最少的运动员获得胜利。

集体出发则是所有运动员列队同时出发，道次由抽签决定。最终第一个到达终点的选手获胜。比赛中经常出现 10 位以上的运动员冲刺，最终要依靠高速摄像机拍摄的照片确定冠军。

2014 年索契冬奥会越野滑雪女子古典式团体竞速赛：挪威夺冠

2014 年索契冬奥会越野滑雪男子古典式团体竞速赛：芬兰夺冠

在观看越野滑雪比赛时，有人会发现滑雪板上有标记。因为根据规定，选手从起点到达终点，脚穿的滑雪板必须带有出发时裁判画上的标记，因为雪板底面表层涂有雪蜡，非常光滑，有助于滑行，打上标记是为了预防运动员中途换雪板。

在冬奥会的历史上，也不乏勇敢者。墨西哥越野滑雪运动员阿尔瓦雷斯报名参加了 1988 年冬奥会 50 公里越野滑雪比赛，他的这一举动让人吃惊，因为此前他在参加训练和比赛时从来没有超过 20 公里。在 61 位参赛者中，阿尔瓦雷斯获得最后一名，比获得第 60 名的运动员晚了一个多小时。当时，赛会组织者看到阿尔瓦雷斯很长时间没有露面，非常担心，便派出一个搜索分队出去寻找。

到了 1992 年冬奥会，阿尔瓦雷斯依然坚持参加 50 公里比赛。当然，他仍然没有获得奖牌，不过却获得了"勇敢者"的光荣称号。

越野滑雪有着"雪上田径"之称，是冬奥会的大项，2014 年索契冬奥会共有 98 枚金牌，越野滑雪占了 12 枚。每届冬奥会，越野滑雪也是参赛人数最多的项目，索契奥运会共有 310 名选手参加，但从来都是欧美选手特别是北欧选手的天下。

中国队虽然是冬奥会越野滑雪项目的常客，但还没有进过决赛。中国在这个项目上个人最好成绩是王春丽在 2010 年温哥华取得的女子 10 公里越野第 18 名。

自由式滑雪

自由式滑雪对中国人来说意义非凡，2006年都灵冬奥会，中国选手韩晓鹏在男子自由式滑雪空中技巧比赛中摘得金牌，实现中国在冬奥会历史上雪上项目金牌零的突破，这也是中国男子运动员冬奥会第一金！

2006年都灵冬奥会，中国选手韩晓鹏在男子自由式滑雪空中技巧比赛中摘得金牌

　　自由式滑雪开始于 20 世纪 60 年代，1966 年，首次自由式滑雪比赛在美国新罕布夏州举行，比赛是将高山滑雪和杂技结合在一起，之后很多勇敢者创造出了大量的惊险动作，这个新项目也逐步成型。

选手在空中飞舞，十分优美

　　国际滑雪联合会在 1979 年正式承认了自由式滑雪项目，并且在运动员及其跳跃技巧方面制定了新的规则，以减小这项运动的危险性。首届世界杯自由式滑雪系列赛在 1980 年举行，法国在 1986 年举办了首届世界自由式滑雪冠军赛。自由式滑雪又分为三个小项，包括雪上技巧、空中技巧和雪上芭蕾，2010 年温哥华冬奥会又增设男女趣味追逐赛。

　　由于空中技巧是以灵活和技巧见长，非常适合中国人练习。中国运动员有更加灵活的身躯与冷静的头脑，我们在体操、跳水等高技巧、低对抗的项目上，多年来一直保持领先。中国自由式滑雪国家队里，大部分都是从技巧或体操队"转行"过来的。灵活的身材加上扎实的基础，以及从小培养出来的在空中的感觉，中国在空中技巧这个项目中发展迅速。

　　当中国的空中技巧开始能够走向世界后，它带给人们的是一个又一个的惊喜，1994 年中国首次派出了 2 名女选手参加冬奥会，就分别获得第 17 名和第 18 名，成为当时中国雪上项目参加历次世界大赛的最好成绩。

2014 年索契冬奥会，徐梦桃夺得女子自由式滑雪银牌

　　1998年长野冬奥会，中国女子空中技巧就已经具备了冲击金牌的实力。不过，夺冠呼声很高的名将郭丹丹在赛前的训练中两个脚踝全部负伤。那次冬奥会空中技巧的比赛为了郭丹丹史无前例地推迟了十分钟，但最后坚持上场的郭丹丹只拿到第7名。不过当时16岁的小将徐囡囡惊艳的一跳收获银牌。

　　从2002年开始，以李妮娜为首的一批女子选手开始进入世界比赛的舞台，中国男选手也逐渐在世界大赛中崭露头角。2006年都灵冬奥会，李妮娜在女子空中技巧比赛中获得了一枚银牌。韩晓鹏则保持稳定状态，最终收获金牌，帮助中国队圆梦。

　　目前冬奥会自由式滑雪包括男、女空中技巧、雪上技巧和障碍争先赛共6个项目。

跳台滑雪

在讲这个项目之前，我们先分享一部 2016 年 3 月在中国上映的电影，名字叫《飞鹰艾迪》。

电影由一个真实的故事改编而来，英国人艾迪小时候膝盖有毛病需要矫正，后来还高度近视，可是他很热爱运动，一心想参加奥运会，于是他开始练习高山滑雪。但是由于英国国内高山滑雪名额竞争激烈，他只能改练冷门项目跳台滑雪，并克服各种困难，获得 1988 年冬奥会参赛资格，并获得倒数第二名，因为倒数第一名被取消了参赛资格。尽管他拿不了奖牌，但是他展示出的运动精神感染了所有人。

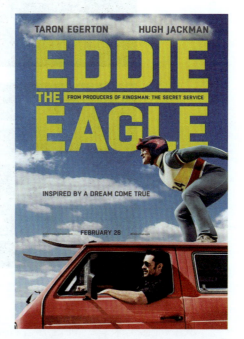

电影《飞鹰艾迪》剧照、海报

现在的艾迪已经成了励志典范，他还对 2022 年北京冬奥会非常期待，

他说："我希望以运动员身份来到北京，虽然届时我已经 59 岁了。"

我要飞得更高！

从字面意思来看，跳台滑雪就是参赛运动员从高台跳出，看谁"跳"得更远，看谁动作更标准。从另外一个角度来说，就是参赛运动员不用雪杖，不借助任何外力，从规定的起滑台起滑，经过助滑道，达到一定的高速度，然后在跳台的台端"飞"出去，身体前倾和滑雪板成锐角，两臂紧贴体侧，沿自然抛物线在空中滑翔，着陆后继续自然滑行到停止区，然后根据姿势和落地滑行距离评分。

最初的跳台滑雪比赛，跳台是山坡等自然地形，到了 19 世纪 80 年代，开始出现土木结构的跳台。随着空中滑翔技术的提高，新的跳台设计也不断出现，1926 年瑞士在格劳宾登州的蓬特雷西纳建成了 60 米级跳台，1927 年又在圣莫里茨建成 70 米级跳台。

跳台滑雪从第 1 届冬运会就被列为比赛项目，大台项目（原 90 米级）从 1964 年正式列入冬奥会项目。随着竞技水平的提升，现在冬奥会跳台滑雪比赛设置为 90 米级（原为 70 米级）个人、120 米级（原为 90 米级）个人、团体 3 个男子项目以及 90 米级女子个人项目。

因为比赛非常惊险，以前的冬奥会只有男子比赛，众多的女子跳台滑雪运动员力争进入奥运会，还曾经将 2010 年温哥华冬奥会奥组委告上法庭。2014 年索契冬奥会终于设立了女子跳台滑雪比赛，但是只有一个标准台的比赛。

挪威人雅各布·塔姆斯是跳台滑雪项目上的传奇，1924 年，塔姆斯入选挪威体育代表团，赴法国的夏蒙尼参加了第 1 届冬奥会，他在跳台滑雪个人赛中摘得金牌。1936 年，塔姆斯参加夏季奥运会，他和其他 5 位队友组成的挪威队在帆船男子"8 米"型 1919 式比赛中获得一枚银牌。

另外一个不得不提的就是跳台滑雪界的"哈利·波特"——瑞士选手西蒙·阿曼，他曾经被著名杂志《瑞士画报》的 4 万名读者投票选为"这个时代最伟大的奥运英雄"，他在 2002 年盐湖城冬奥会和 2010 年温哥华冬奥会上各获得 2 枚金牌，成为跳台滑雪唯一拿到 4 枚奥运金牌的选手。

高山滑雪

　　提起冬季最受欢迎的运动，那就当属滑雪了。高山滑雪是在越野滑雪基础上逐步形成的，1936 年起被列为冬奥会比赛项目。与普通滑雪不同，高山滑雪更有难度而且更刺激。不过，正是这样独有的刺激和挑战让高山滑雪更有魅力，吸引着大批的滑雪爱好者。

高山滑雪将速度与技巧完美结合

高山滑雪有难度更刺激

　　高山滑雪起源于阿尔卑斯山地域，所以又称"阿尔卑斯滑雪"或"山地滑雪"。高山滑雪将速度与技巧完美地结合在一起，运动员在滑行过程中左右盘旋，粗犷中不失优雅。每届冬奥会，采访高山滑雪的记者最多，所以他们经常要很早到赛场"抢座"，否则就只能坐地上了。

　　很多欧美运动员都是 3 岁就开始学习滑雪，在部分欧洲国家，几乎人人会滑雪也爱好滑雪。欧美高山滑雪选材堪比中国的乒乓球选材，普及程度相当高。高山滑雪是新中国成立后开展的首个雪上项目，但这个项目对场地和雪质的要求较高，又是欧美长年垄断的大项，因此高山滑雪在中国并没有得

到很好的开展。

冬奥会高山滑雪分设男、女滑降，回转，大回转，超级大回转，全能（滑降/回转）和团体项目。奥地利一直是冬奥会高山滑雪项目的最大赢家，迄今为止他们总共获得34金39银41铜，总奖牌数114。

在冬奥会历史上曾有一段佳话，那就是著名的华裔小提琴家陈美的故事。陈美10岁就举办演奏会，在英国引起震动，被称为"少年帕格尼尼"（帕格尼尼，历史上最著名的小提琴大师之一），12岁的时候就开始了第一次世界巡演。长大后的她爱上了高山滑雪运动，并通过努力拿到2014年索契冬奥会入场券，当时已经35岁的陈美是高山滑雪年龄最大的选手，虽然最终排名倒数第一，她依然非常开心自己能够实现梦想："人要有自己的梦想，不管这个梦想是多么冒险、多么艰难。"

陈美参加2014年索契冬奥会

可以说，高山滑雪就是人们挑战极限、挑战自我、挑战梦想的运动。

单板滑雪

　　单板滑雪又称滑板滑雪，利用身体和双脚来控制方向，1983 年举办了第 1 届世界锦标赛，1998 年的长野冬奥会将单板滑雪列为正式比赛项目。

　　1965 年的圣诞节，在美国密歇根州，气体化学工程师舍曼·波潘发明了一种名为"雪上冲浪"的娱乐活动。人们通过一根绳子控制着雪板从山上滑下，这正是单板滑雪的前身。这种现在看来略显傻气的娱乐方式在当年迅速火爆。截至 1976 年，全球已经有超过 100 万"雪上冲浪"爱好者。随后，人们通过进一步改良玩法和器材，大大提升了人们在雪上冲浪时的

单板滑雪的精彩瞬间

控制力和速度，使得单板从之前的半玩具式娱乐用品，逐渐进化成为真正的运动器材。

单板滑雪的雪板制造十分复杂，它虽然轻薄但一共拥有12层。这12层分别是板面、上层三种玻璃纤维、双层尼龙纤维、减震器、超轻型木芯、带隔震器的木质多层侧壁、下层三种玻璃纤维、橡胶隔振器、钢面和板底。这样一块雪板价格也是从几千到上万元不等。

单板滑雪天生具有灵活性，所以玩家可以很容易地做出许多跳越、腾空和旋转的动作，并可以在U型槽、各式铁杆、跳台上大出风头，即使在又宽又直的雪道上做大回转、小回转，也比双板滑雪多几分自由和洒脱。有无数的新、酷动作等着单板玩家去攻克，玩无止境，这或许就是单板"瘾"的根源。

单板滑雪的滑法是将两脚固定在板子上，由身体重心来控制板子的滑行。它与冲浪、滑板有异曲同工之妙。而单板爱好者们特立独行"拉风"的装扮和行为，让单板滑雪更像是雪上Hip-Pop，充满动感和激情，有个性张扬的自由。

与双板滑雪的传统感相比，单板滑雪属于极限运动的一类。在速度中快感飙升，在心跳中挑战自我。驾驭单板在雪上腾飞的画图，不仅已经成为冰雪运动的形象代言人，也是每个"板族"的英雄梦想。和双板相比，单板让身体更自由，动作更有趣、更刺激，甚至连摔倒后翻滚爬起的姿势都要用"酷"来形容。

单板群体80%都是30岁以下喜欢惊险刺激的年轻人，摔跤必不可少，

2014 年索契冬奥会，张义威拿到单板滑雪男子 U 型池第 6 名

2014 年索契冬奥会，蔡雪桐拿到单板滑雪女子 U 型池第 6 名

所以单板必须把护具戴全，头盔、护腕、护臀、护膝，更专业的运动人士需要护肘、全身护甲等一个都不能少。

中国单板滑雪队在奥运会上战绩不佳，不过近些年也涌现出一批有实力的年轻小将，1992 年出生的张义威就拿到过很多国际奖项。

第三篇

冬奥历史

首届冬奥会 1924 年在法国举办

奥林匹克运动会，简称"奥运会"，发源于 2000 多年前的古希腊，因举办地在奥林匹亚而得名。现在的奥运会是古代奥林匹克运动会停办了 1500 年之后，由法国人顾拜旦提出举办的，1896 年举办了首届奥运会。

1908 年第 4 届奥运会在伦敦举行，首次进入奥运会的冬季项目——花

2014 索契冬奥会开幕前，运动员在奥运五环上合影留念

样滑冰，引起人们极大兴趣。到了 1920 年，在比利时安特卫普举行的第 7 届奥运会上，不仅有花样滑冰，还增设了冰球比赛。当时，人们对大多数夏季比赛关注度不高，冬季项目却吸引到成千上万人到场观看。同时，这次奥运会暴露出一个问题：由于天气原因，冬季项目和夏季项目放在一起导致时间拖得过长，安特卫普奥运会的举办周期长达 5 个月，在人力、物力上耗费太大。

这个时候，顾拜旦又站了出来，开始劝说国际奥委会各成员接受举办冬季奥运会的理念。到了 1924 年第 8 届巴黎奥运会，国际奥委会决定同年 1 月在法国胜地夏蒙尼单独举办冬季奥林匹克项目，并命名为"奥林匹亚体育周"。无论比赛规模还是形式，"奥林匹亚体育周"都只是巴黎奥运会的一部分。由于比赛大获成功，1925 年，国际奥委会正式将其更名为第 1 届冬奥会。

1896 年第一届奥运会金银奖牌与世人见面

　　从 1928 年开始，奥运会正式"分家"：冬季奥运会与夏季奥运会在同一年举办，但举办地点放在不同国家。到了 1992 年，为了让两个赛事"不撞车"，国际奥委会做出了一些调整，将下一届冬奥会提前到 1994 年举办。

　　1992 年冬季奥运会成为最后一届与夏季奥运会同年举行的冬奥会。因此，1992 年冬奥会与 1994 年冬奥会仅仅相隔两年。

　　此外，从 1936 年到 1948 年，中间经历了第二次世界大战，冬奥会因此停办。

　　截至 2016 年，冬奥会共举办了 22 届，每四年一届。第 23 届冬奥会将于 2018 年在韩国平昌举行。第 24 届冬奥会将于 2022 年在中国北京和张家口举行。

这些城市办过或即将举办冬奥会

第 1 届 1924 年，法国夏蒙尼

夏蒙尼是一个小镇，因坐落在欧洲屋脊阿尔卑斯山最高峰——勃朗峰脚下而享誉世界。法国是红酒之乡，在夏蒙尼随处可以买到正宗的波尔多红酒或是勃艮第红酒。

第 2 届 1928 年、第 5 届 1948 年，瑞士圣莫里茨

　　圣莫里茨是世界最著名的冬季运动天堂，也是冬季旅游胜地。著名的冰湖赛马发源于此，每年冬季还有如"雪地马球世界杯""美食节"等各项顶级赛事与活动在这座小城举办。

第 3 届 1932 年、第 13 届 1980 年，美国普莱西德湖
仍然在为冰雪选手们提供训练场地

普莱西德湖是美国纽约州艾塞克斯县的一个村庄，因附近的普莱西德湖而得名。根据 2000 年人口普查，普莱西德湖村只有 2638 人。普莱西德湖与附近的萨拉纳克湖和图柏湖组成了"三湖区域"。

第 4 届 1936 年，德国加尔米施—帕滕基兴

加尔米施—帕滕基兴位于德国南部边境，城中建有很多乡村旅店和度假公寓。这座阿尔卑斯山区的小城宁静纯美，随便走进任何一条大街小巷，都会感到悠闲安逸。

第 6 届 1952 年，挪威奥斯陆

　　奥斯陆是挪威政治、经济、文化、交通中心和主要港口，自然环境优美，被大海与森林紧紧包围。

第 7 届 1956 年，意大利科蒂纳丹佩佐

　　科蒂纳丹佩佐是意大利的一个山间小镇，人口只有 6000 人左右。远在 1897 年，这里就举行过滑雪比赛。

第 8 届 1960 年，美国斯阔谷

　　斯阔谷是一座位于美国加利福尼亚州东部的山城，距离旧金山 300 公里，海拔 1900 米。

第 9 届 1964 年、第 12 届 1976 年，奥地利因斯布鲁克

因斯布鲁克是奥地利西南部城市，坐落在阿尔卑斯山谷之中，意为"茵河"上的桥。

第 10 届 1968 年，法国格勒诺布尔

格勒诺布尔是法国东南部城市，始建于古罗马时期，是阿尔卑斯山山区重要的交通中心，著名的滑雪胜地。

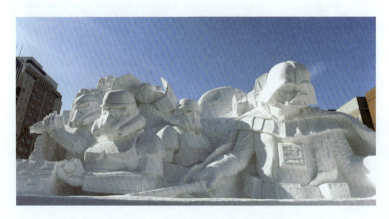

第 11 届 1972 年，日本札幌

札幌来源于日本原住民阿伊努语，意为"大河川"，位于北海道西南部，是日本较为少见的内陆城市。

第 14 届 1984 年，波黑萨拉热窝

萨拉热窝是一座群山环绕、风景秀丽的古城，有着发达的旅游业。

第 15 届 1988 年，加拿大卡尔加里

卡尔加里又称卡城，是一座位于加拿大艾伯塔省南部落基山脉的城市，意为"清澈流动的水"。

第 16 届 1992 年，法国阿尔贝维尔

阿尔贝维尔位于法国的萨瓦省，当地的瓦努瓦斯国家公园是著名的高山旅游区。

第 17 届 1994 年，挪威利勒哈默尔

　　利勒哈默尔是挪威中部偏南的城镇，距离首都奥斯陆 140 公里。不论是冬季还是夏季，这里都是体育运动圣地。

第 18 届 1998 年，日本长野

　　长野位于日本本州岛中部，处于关西、关东之间，这里高原果树和蔬菜栽培发达，号称园艺王国。

第 19 届 2002 年，美国盐湖城

　　盐湖城是美国犹他州首府，环境优美，因大盐湖而得名。大盐湖是世界上仅次于死海盐分最高的湖。

第 20 届 2006 年，意大利都灵

　　都灵历史悠久，是意大利第三大城市，也是欧洲最大的汽车产地。

第 21 届 2010 年，加拿大温哥华

温哥华是世界上最宜居的城市之一，拥有发达的电影制造业。

第 22 届 2014 年，俄罗斯索契

索契被称为俄罗斯的夏日之都，著名的疗养胜地。

第 23 届 2018 年，韩国平昌

平昌是韩国著名的度假山城，《冬季恋歌》等韩剧都在这里拍摄取景。

8

冬奥奖牌

每届冬奥会的项目设置都不一样，因此奖牌数量也不同。以索契冬奥会为例，其设有 15 个大项，98 枚金牌。平昌冬奥会设有 15 个大项，102 枚金牌。

索契冬奥会奖牌

数说冬奥

与北京竞争 2022 年冬奥会失败后，阿拉木图则成为第六个连续三次申办冬奥失败的城市，另外五个分别为芬兰的拉赫蒂、瑞士的锡永、保加利亚的索非亚、瑞典的厄斯特松德、西班牙的哈卡。

已经举办的 22 届冬奥会，其中 90% 的举办城市都位于经济比较发达的欧美国家。截至索契冬奥会，挪威拿过 329 块冬奥会奖牌，稳坐冬奥会奖牌榜头把交椅。

冬奥趣闻

悲催的南半球

南半球没有一个国家举办或者申办过冬奥会，原因很简单：冬奥会一般在 2 月举行，而 2 月份的时候南半球在过盛夏。

花样作死法

1956 年冬奥会在意大利科蒂纳丹佩佐举行，这是第一届通过电视转播的重大赛事，大家都很激动也很紧张。在开幕式上，最后一位火炬手想玩点花样，于是就穿着溜冰鞋进场了。结果！他被一根电缆给绊倒了，而且火炬差一点就灭了！幸好他很快回过神来，后面的仪式一切顺利。

当主办城市遭遇暖冬

1964 年冬奥会在奥地利因斯布鲁克举办。虽然因斯布鲁克一直是冬季运动的圣地，但很不巧，冬奥会举办那一年偏偏遭遇暖冬，雪上赛事万事俱备，只欠雪。最后没办法，组委会只能往比赛场馆里强行灌冰雪。

"短命"的狗拉雪橇

狗拉雪橇比赛火热开赛

　　你知道吗？狗拉雪橇赛也曾出现在冬奥会赛场，只不过这个项目的命运很短暂。作为表演项目，狗拉雪橇出现在了1932年普莱西德湖冬奥会上，只有两个国家参赛，加拿大选手取得金牌和铜牌，美国选手摘得银牌。

免费乘地铁

　　2014年索契奥运会期间，俄罗斯人如果在莫斯科地铁系统的运动传感器前做30个蹲起就可以免费乘地铁。由此可见，有一个好身体是多么的重要！

　　2008 年奥运会在北京举办，推动了夏季体育运动在中国的普及；2022 年冬奥会花落京张，也将加快冬季运动在中国的推广，影响一代甚至几代人的成长和生活方式，提高中华民族的体质和健康水平。

　　2016 年 11 月，教育部、国家体育总局等四部门联合印发《冰雪运动发展规划（2016 — 2025 年）》，"规划"指出，大力普及冰雪运动，培养青少年冰雪运动技能，推行"百万青少年上冰雪"和"校园冰雪计划"，促进青少年冰雪运动的普及发展。

　　为迎接 2022 年冬奥会，北京市提出实现 800 万冰雪人口，冬奥会观赛礼仪和冰雪运动知识进校园覆盖率达到 100%。对于北京市青少年学生来说，了解奥林匹克运动、学习冬季体育知识、传播奥林匹克精神，也是对 2022 年北京冬奥会的支持，更是"当好东道主，从我做起"的一种表现。